Maria-Margareta Weitzig

Vortrag: Kurzer Abriss der Psychoanalyse

GRIN Verlag

Bibliografische Information der Deutschen Nationalbibliothek:

Die Deutsche Bibliothek verzeichnet diese Publikation in der Deutschen National-bibliografie; detaillierte bibliografische Daten sind im Internet über http://dnb.d-nb.de/ abrufbar.

Impressum:

Copyright © 2000 GRIN Verlag GmbH
Druck und Bindung: Books on Demand GmbH, Norderstedt Germany
ISBN: 978-3-640-21730-4

Dieses Buch bei GRIN:

http://www.grin.com/de/e-book/20898/vortrag-kurzer-abriss-der-psychoanalyse

Veranstaltung: Therapieschulen im Vergleich

Referierende: Maria-Margareta Weitzig

Thema:

Psychoanalyse

1) **Entwicklung**

2) **Grundüberzeugungen**

3) **Theoretische Grundbegriffe und Verfahren der Psychoanalyse als Psychotherapie**

4) **Die analytische Situation**

5) **Indikation**

6) **Ausbildung der Analytiker**

7) **Literaturhinweise**

---

1. Entwicklung

Der Beginn der Psychoanalyse lässt sich nicht genau bestimmen, er erstreckte sich um 1900 über einen Zeitraum von mehreren Jahren. Der Nervenarzt Siegmund Freud erarbeitete 1895 den *Entwurf einer Psychologie* und gab zusammen mit Josef Breuer die *Studien über Hysterie* heraus. Darin heißt es:

„Wir fanden nämlich anfangs zu unserer großen Überraschung, dass die einzelnen hysterischen Symptome sogleich und ohne Wiederkehr verschwanden, wenn es gelungen war, die Erinnerung an den veranlassenden Vorgang zu voller Heftigkeit zu erwecken, damit auch den begleitenden Affekt wachzurufen, und wenn dann der Kranke den Vorgang in möglichst ausführlicher Weise schilderte und dem Affekt Worte gab. Affektloses Erinnern ist fast immer völlig wirkungslos; ...." (Freud 1895 S.85)

Diese Beobachtung Freuds ist bis heute gültig geblieben, Wissen ohne Affekt, Gefühle und Stimmungen ist therapeutisch erfolglos. Einsicht dagegen erfasst das ganze psychische System, ist kreativ und wirkt kathartisch.

Freud und Breuer zeigten auf, dass es sich bei den körperlich nicht erklärbaren Symptomen der Patienten nicht um Zufallsprodukte handelte, sondern um bezeichnende Vorgänge, denen man mit Hilfe bestimmter Methoden (zunächst der Erforschung in Hypnose, - vordem hatte Breuer die Hypnose allein zur Symptomheilung benutzt- später der Analyse freier Einfälle) einen Sinn abgewinnen konnte, der dem Patienten unbewusst war. Der Fortschritt gegenüber den früheren Auffassungen lag darin, dass Breuer und Freud die Hypnose nicht mehr benutzten, um den Symptomen die Existenz zu verbieten, sondern um deren Ursachen herauszufinden. Die Hypnose wurde zum Mittel für die Erweiterung des Bewusstseins. Einsicht trat an die Stelle einer auf Unterdrückung des Symptoms ausgerichteten Haltung. Das Interesse der Analyse verschob sich später jedoch mehr und mehr auf die Hindernisse, welche der affektiven Entladung im Weg standen, d.h. der Abwehrformen. Dabei gewann die Analyse der freien Einfälle, der Assoziation als das eigentliche therapeutische Werkzeug stetig an Bedeutung - als Suchen nach Erinnerung, weil das Unbewusste weder direkt beobachtbar noch einfach abfragbar ist.

Der Beginn des weitgespannten Werkes von Freud liegt im allgemeinen Bewusstsein aber eher um 1900, als die *Traumdeutung* erschien. Träume wurden von Freud als „via regia zum Unbewussten" bezeichnet. (Pritz1994) Die unaufhörliche Weiterentwicklung der Psychoanalyse wird schon im Werk von Freud selbst sichtbar, der lebenslang seine Konzepte und Theorien vorantrieb, ausbaute, und wenn nötig, revidierte. Kurz vor seinem Tode (1939) fasste er seine Theorie in „Abriß der Psychoanalyse" zusammen. (Freud 1972) Er erläutert zunächst den psychischen Apparat, stellt dann seine Trieblehre dar und beschreibt danach die Phasen der psychosexuellen Entwicklung.

Im Aufbau der Persönlichkeit unterscheidet Freud drei Instanzen, die im Laufe der ersten sechs Lebensjahre herausgebildet werden: das **Es** als Sphäre des Unbewussten, der Wünsche und Triebe, das **Ich** als Träger des bewussten Erlebens (Wahrnehmung und Willensbildung, dem Lustprinzip zwar verpflichtet, aber orientiert am Realitätsprinzip) und das **Überich** als Träger des Ich-Ideals und des Gewissens. (Gebildet in der Überwindung der ödipalen Situation, von Freud zunächst auch als elterlicher Einfluss bezeichnet.) Durch dieses

4

Instanzenmodell Freuds lassen sich die psychischen Aktivitäten und Persönlichkeitseigenschaften eines Menschen beschreiben. Für die Persönlichkeitsentwicklung ist die Triebentwicklung maßgeblich. (Aus dem Es entstehend aufgrund physiologischer Prozesse, die zu Spannungen führen) Dabei kommt der Libido über ihre Entwicklungsstufen, (der oralen, analen, phallischen und genitalen Phase) auf der phallischen Phase im Zusammenhang mit dem Ödipuskomplex besondere Bedeutung zu. Die Auseinandersetzung mit dem Ödipuskomplex ist für die Persönlichkeitsentwicklung von entscheidender Bedeutung. Zudem ist sie verbunden mit einer Identifikation zum gleichgeschlechtlichen Elternteil – und insofern mit dem Erwerb der Geschlechtsidentität.

Bei Störungen der Triebentwicklung kommt es zu Fixierungen auf bestimmte Entwicklungsstadien, denen Neuroseformen zugeordnet werden. Die neurotischen Symptome sind Abfuhrmöglichkeiten für die aufgestaute libidinöse Energie. Grundlage der Neurose ist ein unbewusster frühkindlicher Konflikt, der im aktuellen Konflikt wiederbelebt wird. (Triebwünsche gegen Abwehrkräfte des Ich)

Freud war zwar daran gelegen, den individuellen Patienten von seinem neurotischen Elend zu befreien, er interessierte sich aber auch dafür, wie die Neurose des einzelnen durch gesellschaftliche Institutionen bedingt ist, er versuchte, die soziale Beeinflussung durch die Kultur zu erfassen. Kultur und Gesellschaft erscheinen in der Funktion der Triebunterdrückung. Nach Freud ist es unumgänglich, dass ein erheblicher Teil der Triebenergie nicht befriedigt, sondern als Motor für andere Aktivitäten umgeleitet, d.h. sublimiert wird. Die Unterdrückung von Trieben und die Umleitung ihrer Energie auf andere Tätigkeiten ist also notwendig zur Schaffung und Erhaltung der menschlichen Kultur.

Die psychoanalytische Theorie befasst sich mit dem normalen wie mit dem pathologischen Funktionsablauf der Psyche. Sie beeinflusste z.b. in der pädagogischen Anwendung die Art der Kindererziehung in Schule und Familie und nahm Einfluss auf die Human- und Sozialwissenschaften und auf die Kultur des modernen Lebens. Neben der Methode, Unbewusstes und Tabuisiertes bewusst zu machen – der psychoanalytischen Behandlungstechnik - versteht sich die Psychoanalyse eben auch als Konzept über die Entstehung menschlichen Verhaltens und Erlebens, alsGesellschaftstheorie, die sich mit kulturellen, künstlerischen und religiösen Phänomenen auseinandersetzt.

Psychoanalyse stellt die Gesamtheit der psychologischen und psychopathologischen Theorien dar, durch die Gegebenheiten der psychoanalytischen Untersuchungsmethode und Behandlung systematisiert werden. (**Laplanche 1998**) Die empirische Basis dieser Theorie besteht vor allem aus tiefenhermeneutischen Fallmaterial aus therapeutischen Sitzungen.

DIE Psychoanalyse hat es wahrscheinlich nur zu Lebzeiten Freuds gegeben. Schon bald begann sie sich zu differenzieren und verschiedene Richtungen zu entwickeln, was zudem mit den einzelnen Ländern, in denen die Theorien durchdacht und gelehrt wurden und den unterschiedlichen Persönlichkeiten die sich damit befassten zu tun hat.

Einen Überblick über die verschiedenen Schulrichtungen der modernen Psychoanalyse zeigt Mertens (1996) auf:

- **Triebtheorie, Struktur- und Ichpsychologie**
  (Freud, Brenner, Hartmann, Kris, Arlow)
  Kennzeichnend für diese Theorie ist die Annahme von Triebimpulsen, Libido und Todestrieb als der letzte von Freud aufgestellte Triebdualismus, oder von Libido und Aggression von Heinz Hartmann, die als Motor allen Handels gelten können. Das Kind muss auf diese Impulse verzichten lernen, die nicht mit den Moralvorstellungen der Eltern übereinstimmen. Häufig gelingt dieser Verzicht jedoch nicht, und wegen der Strafangst kommt es zu einer Verdrängung. Forderungen und Gebote werden verinnerlicht, strukturieren die Psyche durch Ausbildung von Über-Ich und Ich-Ideal und regulieren die verdrängten Triebimpulse. Bei der von der Triebtheorie abgeleiteten Ich-Psychologie liegt der Schwerpunkt auf den angemessenen Abläufen der Ich-Funktionen (als kognitive Kompetenzen wie Anpassung und Abwehr, Realitätswahrnehmung, Erinnern usw., die unbewusste Triebimpulse an unmittelbarer Abfuhr hindern und zu angemessener Realisierung verhelfen)
- **Objektbeziehungstheorien**
  (M. Klein, Fairbairn, Guntrip, Balint, Winnicott, Rosenfeld, Bion, Kernberg, Sandler)
  Der Beziehungskontext ist den Triebimpulsen übergeordnet, d.h. nicht die Dominanz sexueller und aggressiver Triebe ist ausschlaggebend für das Menschliche, sondern die im frühen Eltern-Kind-Dialog erworbenen Beziehungserfahrungen bilden den Motor des Selbstverständnisses, der Entwicklung und der auszubildenden Ich-Funktionen. Im

Mittelpunkt der Betrachtung steht die Mutter-Kind-Beziehung mit vorödipalen Konflikten wie Autonomie und Abhängigkeit, Bindung und Selbstbehauptung und auch die wichtigen Funktionen, die der Vater in den ersten zwei, drei Jahren für sein Kind ausübt. Joseph Sandler erbrachte den Nachweis, dass unsere Handlungen nicht nur von Sexualität und Aggression bestimmt sind, sondern auch nach einem Streben nach Sicherheit und Geborgenheit.

- **Interpersonelle Theorie**
  (Sullivan, Fromm-Reichmann, Searles, Hoffmann, Gill, Mitchell)
  Während die klassische Psychoanalyse die Subjekthaftigkeit des Gegenübers eher gering veranschlagte – der andere bleibt letztlich austauschbar-, überbetont die interpersonelle Theorie die Subjektdimension und das Zu-sich-selbst-Kommen des einzelnen kraft seiner Beziehung zu einem anderen Menschen. In Abwandlung der Freudschen Aussage: "Wo Es ist, soll Ich werden", heißt es bei den Interpersonalisten: „Wo Ich ist, soll Beziehung werden". Die Existenz des anderen bedeutet also nicht die Entfremdung eigenen Begehrens, sondern führt überhaupt erst zur Konstituierung seelischen Erlebens.

- **Selbstpsychologie**
  (Kohut, Stolorow, Atwood, Ornstein, Basch, Köhler)
  Hier wird der Frage nachgegangen: Wie gelingt es dem einzelnen, ein Gefühl der Selbstkohäsion aufrechtzuerhalten? (Narzißtische Regulation) Themen wie Selbstachtung, Selbstliebe, das Sich-selbst-akzeptieren-Können stehen im Mittelpunkt dieser Theorie. (Kohut 1981) In den 70er Jahren wurde sie vor allem zur Erklärung des gestörten Selbstwertgefühls und narzisstischer Persönlichkeitsstörungen herangezogen und fand eine rasche Verbreitung durch Alice Miller, die die Gedanken Kohuts auch in die Populärpsychologie einführte. Vielleicht war es für viele Menschen leichter, sich als begabtes, aber hoffnungslos traumatisiertes Kind zu betrachten, als sich auf die Archaik unbewusster triebhafter Phantasien einzulassen. Die Thematik eines fühlenden und erlebenden Selbst war aber auch bisher in den Theorien der Psychoanalyse ausgespart geblieben. Sich mit der Energetik von Trieb-Abwehr-Prozessen zu beschäftigen, ist vielleicht weniger schambesetzt, als sich Spiegelungs- und Idealisierungsbedürfnisse einzugestehen. Die Selbstpsychologie wurde aber als Bereicherung angesehen, als sie die Bedeutung von triebhaften und affektiven Wünschen wieder zuließ und Einseitigkeiten in ihrem Erklärungsanspruch

aufgab.(So z.B. bei Joseph Lichtenberg -weiterführende Literatur: Psychoanalysis and motivation)

- **Kleinkindforschung**

(Stern, Lichtenberg, Bowlby, Dornes)

Die Begrenzungen im Eltern-Kind-Dialog (bes. bei neurotischen Eltern) führen zu einer mehr oder weniger gravierenden Einschränkung kindlicher Kontakt- und Interaktionsfähigkeit, wobei aber auch das Kind bedingt durch gestörte Interaktionsfähigkeit beteiligt sein kann.

Meines Erachtens werden gesellschaftliche und ökonomische Bedingungen übergangen, Daniel Sterns Bild vom Menschen erscheint mir als utopischer Wunschtraum. (Stern 1992) Wie müssten gesellschaftliche Verhältnisse beschaffen sein, die zu einer gelungeneren Aktivierung und Entwicklung menschlicher Verhaltensweisen führen könnten?

- **Französische Psychoanalyse**

(Lacan, Laplanche, Kristeva)

Nach Darstellung Lacans begreift er seine Auffassung der Psychoanalyse als „Rückkehr zu Freud" und attackiert die in Amerika entstandene und populär gewordene Ich-Psychologie. Nach Lacan ist das Unbewusste organisiert wie eine Sprache. Auch das Unbewusste besteht aus Gedanken, die sprachlich strukturiert sind und eine Bedeutung haben, weil sie mit anderen sprachlichen Phänomenen und diese wiederum mit der umgebenden sozialen und durch Kommunikation verbundenen Welt in Zusammenhang stehen.

- **Feministische Psychoanalyse**

(Benjamin, Rohde-Dachser, Sayers)

Weil die kritische Diskussion in den 30er Jahren abbrach, konnte sich die Freud'sche Weiblichkeitstheorie als wichtige Annahme bis in die 70er Jahre unangefochten halten. (Ansatz eines Widerspruchs aber bereits bei Karen Horney 1923 [Horney 1977]) Während Freud die bürgerliche Kleinfamilie und deren geschlechtsspezifischer Arbeitsteilung als natürlichen Kontext des Aufwachsens ansah, wird dies bei der feministischen Theorie als historisch entstandene Herrschaftsstruktur beschrieben. Die Bedeutung der ödipalen Situation wird als eine von mehreren Entwicklungsetappen entdramatisiert. Zudem wird Freud wegen seiner frauendiskriminierenden Aussagen über Penisneid, Kastrationskomplex und fortdauernder weiblicher Charakterschwäche angegriffen. (Vgl. Chodorow 1990) ---[Hinweis auf anstehendes Referat zum Thema]

Eine interaktions- und sozialisationstheoretisch gefasste Metapsychologie, an das Erbe der Frankfurter Schule anknüpfend, arbeitete Alfred Lorenzer heraus. Der Trieb ist bei Lorenzer immer gesellschaftlich und geschichtlich hergestellt, beginnend mit der konkreten Mutter-Kind-Interaktion. Gesellschaftliche Normen wirken also nicht erst während der ödipalen Über-Ich-Entstehung über die repressive Sexualmoral auf das Kind ein, sondern teilen sich bereits früher durch Interaktion und Kommunikation mit. Die bei der Mutter abhängig ist von ihrer Lebenslage und der Interaktion mit dem Vater. (Lorenzer 1974) Die von Lorenzer entwickelte Methode der Tiefenhermeneutik wurde auf die Sozial- und Kulturforschung übertragen, bei Analytikern fand Lorenzers wenig Verbreitung.

2) Grundüberzeugungen

Auch wenn sich die Psychoanalyse in verschiedene Richtungen entwickelt hat, die sich in unterschiedlichem Ausmaß von einigen grundlegenden Annahmen Freuds unterscheiden, so haben doch alle ihren Ausgangspunkt in Freuds Denken und teilen gewisse Grundüberzeugungen:

* Dazu gehört die Einstellung, dass es ein dynamisches Unbewusstes gibt, dass einen wirksamen Einfluss auf das bewusste Erleben und Verhalten ausübt und dessen Erleben gar nicht oder nur sehr schwer verfügbar zu machen ist.
* Zudem teilen alle unterschiedlichen Theoretiker die Überzeugung, dass man anhand des Studiums von Träumen, Fehlleistungen, Übertragungsphänomenen und anderen normalpsychologischen und psychopathologischen Erscheinungen Zugang zu der unbewussten Dynamik eines Menschen erhält.
* Und man stimmt darin überein, dass die ersten Lebensjahre, insbesondere die Erfahrungen mit den Bezugspersonen von großer Bedeutung für die spätere Entwicklung sind, dass Kinder verschiedene Phasen oder Stufen durchlaufen und damit eine immer komplexer werdende psychische Struktur ausbilden. (Vgl. Mertens 1997)

3. Theoretische Grundbegriffe und Verfahren der Psychoanalyse als Psychotherapie

„In einem engeren Sinne wird die Psychoanalyse oft den verschiedenen Formen von Psychotherapie entgegengestellt, und dies aus einer ganzen Reihe von Gründen, insbesondere dem, dass ihre Hauptaufgabe in der Deutung des unbewussten Konflikts liegt, wobei die Analyse der Übertragung danach strebt, diesen zu lösen." *(Laplanche 1998 S.417)* Nach Laplanche ist die Psychoanalyse eine therapeutische Methode, die durch die Deutung des Widerstandes, der Übertragung und des Wunsches gekennzeichnet ist

„Der psychoanalytischen Behandlungsmethode liegt die Auffassung zugrunde, dass psychische Störungen oder Defizite, die durch missglückte oder fehlende Beziehungen entstanden sind, nur innerhalb einer Beziehung wiederhergestellt oder nachgeholt werden können." (Mentzos 1999 S.267) Sie basiert also auf einem bewusst geplanten interaktionellen Prozess. In diesem Prozess sollen die Konflikte nicht nur sprachlichen, sondern auch begleitenden affektiven Ausdruck finden, also eine Wiederbelebung erfahren. Dabei wird dann in der psychoanalytischen Situation deutlich, welche Wertigkeit eine frühere Konfliktsituation im Leben eines Menschen einnimmt. (Also, in seinen gegenwärtigen Kommunikationsformen und seinen heutigen Daseinsvollzügen.)

Die Psychoanalyse versteht sich als umfassendste Theorie psychiatrischer Krankheit und Heilung. „Sie ist die traditionsreichste und auch theoretisch wie praktisch ausformulierteste Psychotherapiemethode."(Pritz 1994) Entstanden ist sie mehr aus ärztlich-psychologischen Erfahrungen als naturwissenschaftlicher Forschung. Ihre Gültigkeit bezieht sie unter anderem daraus, was zwischen zwei Menschen in der analytischen Situation geschieht. Mit Hilfe eines Begriffs- und Interpretationssystems soll das dann verstanden und bearbeitet werden können. Von diesen **theoretischen Grundbegriffe**n möchte ich einige wichtige aufzeigen.

Die Patienten, die sich einer Psychoanalyse unterziehen, werden zur Einhaltung der sogenannten **psychoanalytischen Grundregel** verpflichtet. Dem Einhalten der Grundregel setzt der Analytiker seine unbedingte Diskretion entgegen. Die Patienten werden dazu angehalten, alles mitzuteilen, was ihnen in ihren Assoziationen einfällt. Ohne Rücksicht auf beschämenden, anstößigem, peinlichen oder scheinbar unwichtigem Inhalt. Freud sagte dazu: „Gelingt es ihm, nach dieser Anweisung seine Selbstkritik auszuschalten, so liefert er uns eine

Fülle von Material, Gedanken, Einfällen, Erinnerungen, die bereits unter dem Einfluss des Unbewussten stehen, oft die Abkömmlinge desselben sind und die uns also in den Stand setzen, das bei ihm verdrängte Unbewusste zu erraten und durch unsere Mitteilung die Kenntnis seines Ich von seinem Unbewussten zu erweitern!" (Freud 1972 S.33) Es stellt sich heraus, dass gerade diese unbewusst gebliebenen Elemente wesentlichen Anteil an den psychoneurotischen Symptombildungen haben. Es kommen zwar die ursprünglichen Triebregungen und narzisstischen Bedürfnisse nicht als solche zum Vorschein, sondern ein Symptom, wie z.b. die Angst oder im Bereich des Narzißmus- etwa ein kompensatorisches Phänomen, das darauf hindeutet, dass das Ich mit dem Abgewehrten nicht umgehen kann.

Durch einen mehr oder weniger ausgeprägten **Widerstand** werden sie beim Patienten vom Bewusstsein ferngehalten, da es sich ausnahmslos um gefühlsbetonte Erlebnisse, Erinnerungen, Wunschregungen und Phantasien meist aus der frühen Kindheit handelt, die wegen ihrer Konflikthaftigkeit zur **Verdrängung** geführt haben. Aus diesem Grund trachtet der Neurotiker neben dem Wunsch gesund zu werden auch danach, immer so zu bleiben wie er ist. Der Widerstand in der analytischen Situation schützt sein gefährdetes Identitätsgefühl, sein seelisches Gleichgewicht.

"Die psychischen Kräfte, die ursächlich an der Verdrängung beteiligt sind, erklären sich für ihn in dem Widerstand, der sich gegen eine Wiederherstellung eines Konflikts sträubt. (Pritz, 1994,S.27) Alles, was im späteren Leben an jene Situation auch nur im entferntesten erinnern könnte, führt dazu, dass jene abgewehrten Regungen wieder zum Vorschein zu kommen drohen. Das kann auch zur Feindseligkeit gegenüber dem Analytiker führen, da dieser ja mit seinem persönlichen Einfluss für die Einhaltung der Grundregel eintritt und auf die Triebenergien und narzisstischen Regungen hingearbeitet wird (Dabei unterscheidet die Psychoanalyse zwischen Widerstand des Ich, Es und Über-Ich)
Die Schwierigkeiten, die bei der Einhaltung der Grundregel auftauchen, signalisieren also bereits Widerstände und Konflikte, die durch deutende Arbeit ins Bewusstsein geholt werden können. Neben dem Verdrängen nennt die Psychoanalyse weitere unbewusst ablaufende Prozesse der **Abwehrmechanismen.**
Beim **Verschieben und Vermeiden** wird das Ängstigende einen anderen Objekt zugeschoben, von dem man nicht abhängig ist, das man also meiden kann.
Es kann auch möglich sein, sich das Ängstigende vorzustellen, es zu benennen, die Affekte und Gefühle dabei jedoch auszuschalten, was als **Isolieren oder Intellektualisieren** bezeichnet wird.

Beim Ausschluss aus der Wahrnehmung spricht die Psychoanalyse von **Verleugnung.**

Die vorherrschenden Mechanismen sind verschieden je nach dem Erkrankungstypus und anderen Faktoren wie der genetischen Stufe und dem Entwicklungsstand des Abwehrkonflikts.

(Der Patient kann aber auch begründet und realistisch die Verhaltensweisen des Therapeuten korrigieren, was beim Analytiker bewusste Selbstkritik voraussetzt, um zwischen Widerstand und berechtigter Kritik unterscheiden zu können.)

Bei der **Reaktionsbildung** wird jene Einstellung verstärkt, welche der zu verdrängenden Triebrichtung gegensätzlich ist. Also, Nächstenliebe verwurzelt in Aggression, Ängstlichkeit um eine Person verwurzelt in Hass. Gegenbesetzung ist auch ein normalpsychologisches Phänomen, das die notwendigen Energien für Werke am Menschen und für den Menschen liefert. Der Triebmechanismus wird in soziales Streben umgewandelt, die Gegenbesetzung kann aber auch ein Hemmschuh für Entwicklung sein.

Wie bei allen Abwehrmechanismen des Ich bedarf es des gesunden Mittelmaßes zwischen Triebverwirklichung und Triebabwehr, um den Realitätsanforderungen entsprechend gerecht zu werden.

An diesem Beispiel wird deutlich, dass zwischen Krankheit und Gesundheit eine Kontinuität besteht, die Psychoanalyse bricht mit dem medizinischen Krankheitsmodell und zeigt auf, dass es jeweils eine kreative Leistung des Subjekts darstellt, die Kräfte des Überichs, des Es und des Ichs im Dienste des Lustprinzips bis hin zum Realitätsprinzip zu organisieren. (Pritz 1994)

4) Die analytische Situation

Die Struktur der analytischen Situation sieht drei bis fünf Treffen über jeweils 5o Minuten in der Woche vor, die Psychoanalysen dauern meist mehrere Jahre, können aber je nach Anliegen und Finanzierbarkeit kürzer ausfallen.

Die Psychoanalyse gibt den verbalen Äußerungen gegenüber dem –averbalen- **Agieren** den Vorzug. Die Verbalisierung eines Triebkonflikts und der damit einhergehenden Gefühle erleichtert es den Patienten, sich ihrer tiefen Probleme bewusst zu werden, während beim Umsetzen in die Tat die Gefahr besteht, dass sie ihre Konflikthaftigkeit außerhalb der therapeutischen Situation ausleben, agieren und so die Konfliktursache unbewusst bleibt. Auch deshalb wird dem Patienten geraten, wichtige Lebensentscheidungen nicht während der

Zeit der Analyse zu verwirklichen. Der Patient soll mehr Freiheit gewinnen, ohne die Konsequenzen tragen zu müssen, die vorschnelles Handeln eher zu einem lähmenden als zu einem befreienden Ereignis machen. Energien die für die Durcharbeitung des analytischen Materials dringend benötigt werden, sollten nicht durch eine Erörterung der Erlebnisse in der Analyse mit Dritten in Seitenkanäle versickern.. Das Ausagieren kann auch in der analytischen Situation erfolgen, indem ein schweigender Patient seinen Analytiker plötzlich umarmt. Die damit verbundenen Wünsche und regressiven Phantasien werden nicht verbalisiert und können nicht aufgezeigt und bearbeitet werden. Das **Liegen auf der Couch** fördert bei Ich- schwachen Kranken diese Regression. Andererseits ist das Liegen eine ständige Erinnerung an die Grundregel, deren Sinn es ja mit sich bringt, dass die Kontrolle, wie sie beim konventionellen Zweiergespräch entsteht, wegfällt und Hemmfaktoren dadurch vermindert werden.

„Dieses Setting beraubt den Patienten seiner gewohnten konventionellen Bewältigungsmechanismen. Es entlastet ihn aber andrerseits auch von der Verpflichtung, eine bestimmte soziale Rolle durchzuhalten und das Direkt-Angeschaut-werden ertragen zu müssen. Beides fördert die Regression." (Mentzos 1999 S.271)

Der Analytiker kann sich dadurch, dass er außerhalb des Blickwinkels des Patienten sitzt, mehr seinem Ziel der **gleichschwebenden Aufmerksamkeit** widmen. Diese allein schon bedeutet oftmals für den Patienten eine korrigierende emotionale Erfahrung, die zudem dazu führt, angstbesetzende Inhalte eher ansprechen, erkennen und bearbeiten zu können.

Die Grenzen der Aktivität werden dem Analytiker durch die sogenannte **Abstinenzregel** gezogen. Vor dem Hintergrund einer warmen, mitfühlenden Haltung, die ein **Arbeitsbündnis** (als Grundlage der eigentlichen zwischenmenschlichen Auseinandersetzung während der Psychoanalyse mit dem gesunden Anteil des Patienten) ermöglicht, soll die Abstinenz optimale Bedingungen für die Therapie schaffen, indem sie jede implizite oder explizite Bewertung der Äußerungen des Patienten vermeidet. Es würde eine unanalysierbare Situation geschaffen, wenn der Analytiker seinen Patienten im Sinn seiner persönlichen Wertvorstellung beeinflusst oder ihn in sein persönliches Leben verstrickt und dadurch seine eigenen Bedürfnisse erfüllt. Die Skala beginnt beim exzentrischen Auftreten des Analytikers, über Inanspruchnahme von Dienstleistungen, bis hin zur Anknüpfung sexueller Beziehungen. Für den Analytiker bedeutet die Regel auch, dem Patienten die Befriedigung seiner Wünsche zu versagen.

Die analytische Methode sieht ihre wesentliche Tat in den **Deutungen,** anstatt die libidinösen Bedürfnisse des Patienten zu erfüllen, jede andere Abfuhrmöglichkeit außer der verbalen wird dadurch unterbunden. (Ansonsten würde sich das Leiden -als Antrieb für die Behandlung-verringern und die Symptome würden durch Ersatzbefriedigung abgelöst = nicht aufgelöst, wodurch die Behandlung stagniert) Durch das Deuten soll Einsicht in das bisher unbewusste Seelenleben des Analysanden vermittelt werden. Der Zeitpunkt der Deutung spielt eine große Rolle dabei, dass dem Patienten wirkliche Einsicht vermittelt wird, die der bloßen Wissensaneignung durch vorschnelle Interpretationen des Analytikers gegenübersteht und keine Verankerung im Erleben des Patienten erfährt. Zudem muss die Deutung durch das vorhandene Material belegbar sein oder als konstruierte Arbeitshypothese gewagt werden, wenn die Bedeutung/das Erleben einer Situation dem Erleben nicht mehr voll zur Verfügung steht.

Einsicht kann aber nur erlangt werden, wenn das Deuten nicht nur kognitive Elemente enthält, sondern der Patient auch mit seinen Affekten reagiert, die in der analytischen Situation entstehen. Das ermöglicht vor allem die **Übertragung**. Freud verstand darunter eine Neuinszenierung und Möglichkeit der Neubearbeitung früherer Beziehungsformen der Patienten. (vgl. Freud 1972 S. 34) Durch die Abstinenzregel des Analytikers und die Grundregel wird in der analytischen Situation deutlich, welche in früheren Beziehungsmustern erworbenen Klischees in der Beziehung zum Analytiker als infantile Erwartungen hervorgelockt werden, welche unbewussten Erfahrungs-, Verhaltens- und Konfliktmuster sich einschleichen können.

Der Patient projiziert seine Vorstellungen in die ungleiche oder einseitige Beziehung zum Therapeuten, was zur Symptomverstärkung führen kann, aber die dahinterliegenden Konflikte aufzeigt und einer Bearbeitung zugänglich macht. Die psychoanalytische Behandlungstechnik erzeugt also eine „experimentelle Neurose" (Pritz 1994)

Unter **Gegenübertragung** versteht man die gefühlsmäßige Reaktion des Therapeuten auf den Patienten, was mit der Besonderheit der vom Patienten entgegengebrachten Übertragung und der Persönlichkeitstendenz des Therapeuten zusammenhängt. Eigene gefühlsmäßige Reaktionen machen ihn auf Besonderheiten aufmerksam, die er sonst evt. übersehen würde und somit nicht als diagnostisches Instrument eingesetzt werden können.

Wenn sich der Therapeut auf diesen Prozess der Übertragung einlässt, gelingt es ihm mit empathischer Wahrnehmung schrittweise, die verdrängten, aber in der gegenwärtigen Beziehung aktualisierten Objektbeziehungen zu einem Modell der unbewussten Persönlichkeit des Patienten zusammenzufügen. Ein szenisches Verstehen wird ermöglicht, somit einer Bearbeitung zugänglich gemacht, als Einsicht und korrigierende emotionale Erfahrung.

„Die Übertragung wird klassisch als das Feld angesehen, auf dem sich die Problematik einer psychoanalytischen Behandlung abspielt, deren Beginn, deren Modalitäten, die gegebenen Deutungen und die sich daraus ableitenden Folgerungen." (Laplanche 1998 S. 55o)

Die Interventionen des Analytikers zielen also an erster Stelle auf eine Analyse der momentanen Übertragung und des Widerstandes gegen die Aufdeckung unbewusster Motivationen. Zudem beinhalten sie Aussagen zur Entstehung der Störungen und intertendieren damit eine Rekonstruktion. Das Material für diese Deutungen wird nicht nur durch die freien Assoziationen (und deren Blockierungen und sonstigen Zeichen des Widerstandes), sondern auch durch Träume, das nonverbale Verhalten, die Auslassungen und Fehlleistungen des Patienten geliefert. Die unbewussten Inhalte dabei begegnen dem Analytiker vorwiegend in verzerrter, verschobener und verdichteter Form oder in symbolischer Darstellung und bedürfen der Interpretation.

Die Einsicht des Patienten (in die eigenen unbewussten Motivationen durch direkte Selbstbeobachtung innerhalb der therapeutischen Beziehung) welche so gewonnen wird, muss in das Ich integriert werden, das heißt, dass die Motive eines Widerstandes wirklich voll als das eigene Problem erkannt und in ihrem affektiven Gehalt, ihrer lebensgeschichtlichen Bedeutung noch einmal erlebt werden. Das geschieht in der analytischen Situation durch das **Durcharbeiten,** bei dem neu gewonnene Einsicht lebensgeschichtliche Verbindung erhält und „Wurzeln schlägt". Dabei wird durch die ständige Deutung und damit Auflösung der jeweils entstehenden übertragungsbedingten Verzerrungen eine zunehmend bessere Unterscheidung zwischen infantil gebliebenen (quasi phantasierten) Beziehungsformen und real möglichen erwachsenen Beziehungsformen ermöglicht.(Und damit zusammenhängenden Gefühlen und Bedürfnissen) Introjekte werden getilgt, pathologische Internalisierungen rückgängig gemacht, Selbst- und Objektrepräsentanzen eindeutiger und daran anknüpfend werden auch die realen Beziehungen weniger problematisch und überschaubarer. Zu diesen Voraussetzungen kommt noch ein schwieriger, schmerzlicher Prozess, um eine Heilung zu erreichen. Die Abwehrmechanismen waren ja über Jahre der Schutz vor Schmerz und Trauer. Der Konflikt soll nicht nur aufgedeckt, sondern behoben werden. Dabei macht der Patient Erfahrungen innerhalb der therapeutischen Beziehung, die fast einem Trennungsprozess gleichen und Trauerarbeit beinhalten. Der Therapeut muss während dieses Prozesses den Klienten halten, unterstützen, sich ihm zur Verfügung stellen und dem Patienten mehr nonverbal und athmosphärisch vermitteln können, dass er weiß, was das für ein Schmerz ist.

Erst, wenn der Patient spürt, dass der Therapeut ihn nicht nur versteht, sondern auch davon überzeugt ist, dass der Trennungsschmerz (Trennung von infantilen Bindungen, Illusionen, etc.) überstanden werden kann, ist er in der Lage, auch diesen letzten und wichtigen Schritt zu tun.

Der psychoanalytische Prozess als Gemeinsamkeit des Suchens nach mehr „Wahrheit" ist in erster Linie ein Vorgang der Selbsterfahrung, Selbstreflexion und Selbstfindung des Patienten, der als aktiver Mitarbeiter und gestaltendes Subjekt verstanden wird und nicht als Objekt der therapeutischen Bemühungen des Analytikers.

Neben diesem klassischen Setting der Psychoanalyse gibt es weitere Formen der psychoanalytischen Therapie (Mertens 1996):

- Analytische Psychotherapie (Kassenfinanziert (K) bis max. 3oo Stunden) Gestützt auf die technischen und theoretischen Prinzipien der Psychoanalyse, dabei aber mehr Anpassung des Setting an die Bedürfnisse an den Patienten: Vermehrte Realitätskontrolle, da im Sitzen durchgeführt. Das Zentrum der Aufmerksamkeit verschiebt sich von der Regression auf die aktuelle Lebenssituation und ihre unbewussten Verbindungen zu verdrängten oder unterentwickelt gebliebenen Triebwünschen. Der Analytiker versucht, den Gewinn an Einsicht intensiver zu gestalten- oft zunächst nur stützende Begleitung (als Dimension der sonst einheitlichen Technik)) nach extrem negativen Erfahrungen. Zielsetzung wie bei der Analyse = Persönlichkeitsveränderung durch Einsicht, wiederhergestellte Arbeits- und Genussfähigkeit..
- Tiefenpsychologisch fundierte Therapie (K bis max. 3oo Stunden) – auf bestimmte Konfliktformen beschränkt und zeitlich begrenzt
- Kurzzeittherapie (K bis max. 5o Stunden) Bestimmte Brennpunkte oder Kernkonflikte werden zeitlich und inhaltlich konzentriert bearbeitet
- Fokaltherapie (K bis max. 20 bis 5o Stunden)
- Analytische Krisenintervention (K bis 3 bis 5 Stunden)
- Analytische Beratung (K bis zu 10 Stunden)
- Niederfrequente Therapie (K bis alle 2, 3 bis 4 Wochen über einen längeren Zeitraum)

Zudem außerhalb des klassischen Zweiersettings:

- Paartherapie
- Gruppentherapie (K)
- Familientherapie (K)
- Balintgruppenarbeit
- Psychoanalytische Teamsupervision
- Psychoanalytische Organisationsberatung

(Mertens 1996)

Psychoanalytische Behandlungstechniken werden auch im stationären Rahmen verwendet.

5) Indikation

Während Freud im „klassischen" Ödipuskomplex den Kern der Neurosenentwicklung ansiedelte, sucht die moderne psychoanalytische Forschung nach den Anteilen, die *jede* Phase der seelischen Entwicklung mit ihren spezifischen Krisen, Konflikten und Lösungsversuchen am Zustandekommen seelischer Krankheiten hat. Dabei hat sich der Forschungsschwerpunkt immer mehr auf die realen Frühbeziehungen des Kindes auf seine Mutter, seinen Vater und anderen Menschen und auf die frühen inneren Objekte verlagert. Damit wurden neben den klassischen Neurosen (z.B. Zwangsneurose, Phobien, Hysterie) auch (lebensgeschichtlich) *frühe Störungen* wie Narzisstische Störungen, Borderline-Erkrankungen, schwere Persönlichkeitsstörungen, Psychosomatosen und Psychosen einer psychoanalytischen Behandlung zugänglich.

Die Erwägungen über die Analysierbarkeit von Patienten, die Prognose der Analyse und damit die Indikation zu diesem in jedem Fall höchst aufwendigen Verfahren sind bis heute nicht abgeschlossen. Neben der diagnostischen Einordnung müssen Kriterien wie Leidensdruck, Motivation, Introspektionsfähigkeit, zumindest nicht eine unterdurchschnittliche Intelligenz und ein Minimum an Ich-Stärke und Integration berücksichtigt werden. Dadurch bedingt, profitieren Analysanden unterschiedlich von der analytischen Situation. (Pritz 1994)

Bei vielen Patienten ist diese Behandlung nicht angezeigt, weil sie sie überfordert und eine zu starke Regression oder Desintegration herbeiführen kann. Man muss auch in Erwägung ziehen, ob man nicht auch mit einer weniger aufwendigen Therapie auskommen kann. Da Analytiker meistens Wartelisten haben, ist die Frage der Indikation auch eine Frage der

Erfolgsaussichten. Der Therapeut versucht einzuschätzen, ob es dem Patienten gelingen wird, mit seiner Unterstützung eine Übertragungsneurose zu entwickeln. Leidensdruck allein genügt nicht. Freud unterschied den subjektiv erlebten Leidensdruck und dem eigenen Wunsch sich von den Symptomen zu befreien. (nicht wegen Arbeitsfähigkeit, Druck der Bezugspersonen, der Versicherung etc) Unzuverlässige Menschen mit einer Neigung zur Passivität, Bequemlichkeit oder parasitärer Einstellung sind oft nicht fähig, die Versagungen der klassischen Analyse zu ertragen. Eine Entwicklungsbereitschaft muss vorliegen, (quasi eine Neugier) die Eigenverantwortung für die Lebensgestaltung und Selbstverwirklichung voraussetzt. Die Erfahrung hat auch gezeigt, dass individuelle Neurosen oft dazu dienen, eine gestörte Beziehung oder Familie zu stabilisieren. Ist der Patient äußerlich fähig, sich daraus zu lösen oder sind Mitglieder bereit, sich ebenfalls einer Therapie zu unterziehen? Je mehr ein Patient an das unverändert neurotische Milieu gebunden bleibt, desto ungünstiger sind die Aussichten der Analyse, wenn die Bezugsgruppe ihn nur mit seinem neurotischen Symptom akzeptiert

Um die Indikation zur Psychoanalyse festzustellen, wird anfangs meistens das Verfahren der biographischen Anamnese, aber absichtsvoll unstrukturiert - durchgeführt.(Wichtige Lebensdaten, psychodynamisch bedeutsame –evt. krankmachende Gefühlsspannungen, typische Widerstandsreaktionen werden dabei ermittelt) Wobei der Therapeut seine Aufmerksamkeit weniger auf objektive Fakten, als mehr auf die subjektive Bedeutung ausrichtet. Der Analysand dagegen muss das Gefühl haben, vom Therapeuten verstanden zu werden, was zu Beginn der Analyse ein wichtiges Kriterium für ihn sein sollte. Beide müssen sich vorstellen können, mit diesem bestimmten Therapeuten, mit diesem bestimmten Patienten in einen produktiven therapeutischen Bearbeitungs- und Veränderungsprozess einzutreten (A. Dührssen 1972)

6) Ausbildung der Analytiker

Das Kernstück der Ausbildung stellt die Lehranalyse dar. Bereits Freud vertrat die Ansicht, dass man nur durch die Kenntnis des eigenen Unbewussten zur Praxis der Analyse gelangen könne. Durch die Lehranalyse soll zudem – durch sie mitbedingt- das Ziel der gleichschwebenden Aufmerksamkeit und ein umfassendes und tiefes Verständnis für die Kranken gewonnen werden. Die in der Eigenanalyse angestoßene Umbildung und Reifung der Persönlichkeit des zukünftigen Analytikers wird es ihm erleichtern, die

Übertragungsgefühle und Widerstände des Analysanden und die eigene Gegenübertragung als solche zu erkennen, und die Patienten mit der notwendigen Distanz, unter Vermeidung des Mitagierens und Einhaltung der Abstinenz, psychoanalytisch weiterzubringen. Parallel zu der mehrjährigen Lehranalyse wird der zukünftige Analytiker nach etwa einem Jahr zu den theoretischen Seminaren der psychoanalytischen Institute zugelassen. Neben Neurosenlehre und Psychosomatik werden verschiedene psychotherapeutische Schulrichtungen (neben der eigenen) in Kursen und Vorträgen berücksichtigt und Fallbesprechungen durchgeführt. Zudem werden die ersten durchgeführten Analysen durch einen erfahrenen Analytiker in der Behandlungsführung und im Verständnis begleitet (Kontrollanalyse), der ihm zudem hilfreich dabei ist, sich der Gegenübertragung und deren Dynamik bewusst zu werden (Battegay 1996)

„Dieser Ausbildungsmodus ist besonders dazu bestimmt, dem Schüler verstehen zu helfen, worin, im Vergleich mit anderen psychotherapeutischen Tätigkeiten (Empfehlungen, Ratschlägen, Richtlinien, Aufklärungen, Unterstützungen etc.), die eigentliche psychoanalytische Deutung besteht." (Laplanche 1998 S. 270)

Neben der Kenntnis der theoretischen Grundlagen ist aber die wohlwollende Haltung ebenso entscheidend, in welcher der Analytiker lediglich der Erfahrene, Bewusstere ist, der dadurch dem Patienten helfen kann, ohne eine Führungsposition zu beanspruchen.

Der Nachreifungsprozess im Rahmen einer Psychoanalyse kann zu einem veränderten und sich ständig wandelnden seelischen Gleichgewicht führen, zu flexibleren und produktiveren Kompromissbildungen --- die wir Gesundheit nennen. (Analyse- griechisch= Auflösung)

7) Literaturhinweise

Battegay, R.: Psychoanalytische Neurosenlehre. S. 309- 314 Fischer Frankfurt a. M. 1996

Chodorow, N.J.: Das Erbe der Mütter. Psychoanalyse und Soziologie der Geschlechter. München, 199o

Dührssen, A.: Analytische Psychotherapie in Theorie, Praxis und Ergebnissen. Göttingen 1972

Freud, S.: Studien über Hysterie. Franz Deuticke, Leipzig/Wien, 1895
Freud, S.: Abriß der Psychoanalyse. Das Unbehagen in der Kultur. Fischer Frankfurt a. M. 1972

Horney, K.: Zur Genese des weiblichen Kastrationskomplexes, Flucht aus der Weiblichkeit (1926) In: Die Psychologie der Frau. Frankfurt a. M. 1977

Kohut, H.: Die Heilung des Selbst. Suhrkamp, Frankfurt a.M. 1981

Laplanche, J., Pontalis, J.-B.: Das Vokabular der Psychoanalyse. Suhrkamp, Frankfurt a.M., 1998

Lorenzer, A.: Die Wahrheit der psychoanalytischen Erkenntnis. Ein historisch-materialistischer Entwurf. Suhrkamp, Frankfurt a. M. (1974)

Mentzos, S.: Neurotische Konfliktverarbeitung. Einführung in die psychoanalytische Neurosenlehre unter Berücksichtigung neuer Perspektiven, 16.Auflage, Fischer, Frankfurt a.M. 1999

Mertens, W.: Psychoanalyse. 5. Auflage, Kohlhammer, Stuttgart; Berlin; Köln, 1996
Mertens, W.: Psychoanalyse, Geschichte und Methoden. Beck, München, 1997

Pritz, A. in: Stemm, G./Wirth.B. (Hrg): Psychotherapien, Schulen und Methode. Falke-Verlag, 1994

Stern, D.: Die Lebenserfahrung des Säuglings, Stuttgart, 1992

Veranstaltung: Therapieschulen im Vergleich
VAK 11- 624

Referierende: Maria-Margareta Weitzig **Handout**

Psychoanalyse

Psychoanalyse stellt die Gesamtheit der psychologischen und psychopathologischen Theorien dar, durch die Gegebenheiten der psychoanalytischen Untersuchungsmethode und Behandlung systematisiert werden. (Laplanche 1998)

1) Entwicklung
„Wir fanden nämlich anfangs zu unserer großen Überraschung, dass die einzelnen hysterischen Symptome sogleich und ohne Wiederkehr verschwanden, wenn es gelungen war, die Erinnerung an den veranlassenden Vorgang zu voller Heftigkeit zu erwecken, damit auch den begleitenden Affekt wachzurufen, und wenn dann der Kranke den Vorgang in möglichst ausführlicher Weise schilderte und dem Affekt Worte gab. Affektloses Erinnern ist fast immer völlig wirkungslos; ...." (Freud 1895 S.85)

2) Grundüberzeugungen
Dazu gehört die Einstellung, dass es ein dynamisches Unbewusstes gibt, dass einen wirksamen Einfluss auf das bewusste Erleben und Verhalten ausübt und dessen Erleben gar nicht oder nur sehr schwer verfügbar zu machen ist. Zudem teilen alle unterschiedlichen Theoretiker die Überzeugung, dass man anhand des Studiums von Träumen, Fehlleistungen, Übertragungsphänomenen und anderen normalpsychologischen und psychopathologischen Erscheinungen Zugang zu der unbewussten Dynamik eines Menschen erhält. Und man stimmt darin überein, dass die ersten Lebensjahre, insbesondere die Erfahrungen mit den Bezugspersonen von großer Bedeutung für die spätere Entwicklung sind, dass Kinder verschiedene Phasen oder Stufen durchlaufen und damit eine immer komplexer werdende psychische Struktur ausbilden. (Vgl. Mertens 1997)

3) Theoretische Grundbegriffe und Verfahren der Psychoanalyse als Psychotherapie
„Der psychoanalytischen Behandlungsmethode liegt die Auffassung zugrunde, dass psychische Störungen oder Defizite, die durch missglückte oder fehlende Beziehungen entstanden sind, nur innerhalb einer Beziehung wiederhergestellt oder nachgeholt werden können." (Mentzos 1999 S.267) Sie ist durch die Deutung des **Widerstandes**, der **Übertragung** und **des Wunsches** gekennzeichnet.

4) Die analytische Situation
„Die Übertragung wird klassisch als das Feld angesehen, auf dem sich die Problematik einer psychoanalytischen Behandlung abspielt, deren Beginn, deren Modalitäten, die gegebenen Deutungen und die sich daraus ableitenden Folgerungen." (Laplanche 1998 S. 55o)

5) Indikation
Neben der diagnostischen Einordnung müssen Kriterien wie Leidensdruck, Motivation, Introspektionsfähigkeit, zumindest nicht eine unterdurchschnittliche Intelligenz und ein Minimum an Ich-Stärke und Integration berücksichtigt werden.

6) Ausbildung der Analytiker

7) Literaturhinweise

Battegay, R.: Psychoanalytische Neurosenlehre. Fischer, Frankfurt a.M. 1996
Chodorow, N.J.: Das Erbe der Mütter. Psychoanalyse und Soziologie der Geschlechter. München, 199o
Dührssen, A.: Analytische Psychotherapie in Theorie, Praxis und Ergebnissen. Göttingen 1972
Freud, S.: Studien über Hysterie. Franz Deuticke, Leipzig/Wien, 1895
Freud, S.: Abriß der Psychoanalyse. Das Unbehagen in der Kultur. Fischer, Frankfurt a. M. 1972
Horney, K.: Zur Genese des weiblichen Kastrationskomplexes, Flucht aus der Weiblichkeit (1926) In: Die Psychologie der Frau. Frankfurt a. M. 1977
Kohut, H.: Die Heilung des Selbst. Suhrkamp, Frankfurt a.M. 1981
Laplanche, J., Pontalis, J.-B.: Das Vokabular der Psychoanalyse. Suhrkamp, Frankfurt a.M., 1998
Lorenzer, A.: Die Wahrheit der psychoanalytischen Erkenntnis. Ein historisch-materialistischer Entwurf. Suhrkamp, Frankfurt a. M. (1974)
Mentzos, S.: Neurotische Konfliktverarbeitung. Einführung in die psychoanalytische Neurosenlehre unter Berücksichtigung neuer Perspektiven, 16.Auflage, Fischer, Frankfurt a.m. 1999
Mertens, W.: Psychoanalyse. 5. Auflage, Kohlhammer, Stuttgart; Berlin; Köln, 1996
Mertens, W.: Psychoanalyse, Geschichte und Methoden. Beck, München, 1997
Pritz, A. in: Stemm, G./Wirth.B. (Hrg) Psychotherapien, Schulen und Methode. Falke-Verlag, 1994
Stern, D.: Die Lebenserfahrung des Säuglings, Stuttgart, 1992